> # De cielos raros

TRÁNSITO DE FUEGO
Colección de poesía
Homenaje a Eunice Odio

Homage to Eunice Odio
Poetry Collection
FIRE'S JOURNEY

Jassín Antuna

DE CIELOS RAROS

Nueva York Poetry Press LLC.
128 Madison Avenue, Suite 2RN
New York, NY 10016, USA
+1(929)354-7778
nuevayork.poetrypress@gmail.com
www.nuevayorkpoetrypress.com

De cielos raros
© 2024 Jassín Antuna

ISBN-13: 978-1-958001-97-4

© Foreword:
Eduardo Casar

© Blurb:
Javier Alvarado

© FIRE JOURNEY COLLECTION vol. 22
Homage to Eunice Odio
Central American and Mexican Poetry

© Publisher/Editor-in-Chief
Marisa Russo

© Editor:
Francisco Trejo

© Literary Editor/ Proofreader:
Carmen Nozal

© Cover Designer:
William Velásquez Vásquez

© Layout Designer:
Montezuma Rodríguez

© Illustrator (pg.9)
Sebastián Chávez

© Cover & Interior photograhs:
Adobe Stock License

© Author's photograph:
Author's personal archives

Antuna, Jassín
De cielos raros / Jassín Antuna. 1a ed.-- New York: Nueva York Poetry Press, 2024, 112pp.
5.25 x 8 inches.

1. Mexican Poetry. 2. North American Poetry. 3. Latin American Literature

All rights reserved. No part of this publication may be reproduced, distributed, or transmitted in any form or by any means, including photocopying, recording, or other electronic or mechanical methods, without the prior written permission of the publisher, except in the case of brief quotations embodied in critical reviews and certain other non-commercial uses permitted by copyright law. For permissions contact the publisher at: nuevayork.poetrypress@gmail.com.

A mi tío José Ramón Rodríguez Nozal

*¿Qué música con ocio espumante investiga
lo débil de una caña?
…cuando esta música parte los tallos de los dedos
de la lluvia.*

Óscar Oliva

Prólogo

Sobre Jassín Antuna

¿Por qué se escribe un libro de poemas?

Por la sencilla razón.

Y la sencilla razón es agregar un ser vivo, un nuevo ser orgánico al mundo. Como dice Hanna Arendt: "los hombres, aunque han de morir, no han nacido para eso, sino para comenzar". Se trata de un asunto de natalidad.

Los poemas de Jassín son muy originales; creo que ese es su sello. A mí me gustan los poemas que son como huellas dactilares de una personalidad. Tienen una topografía extraña. Lean "De la puna"… a eso me refiero.

Me gustan las reflexiones inauditas, las que yo nunca hubiera pensado. Y es que el lenguaje piensa con quien lo escribe y en esa escritura se reconoce poco a poco. Los poemas buenos son una fuente de conocimientos para sus lectores pero también para aquel que los escribe. "Y entiendo por qué que se anclan los árboles/ y por qué están invadidos de bocas".

Los poemas, estos poemas, no resuelven misterios: los crean; nos los dejan gravitando en su resonancia. "La transición fue brusca/ y Dios, de mármol".

Jassín Antuna mira las cosas y por sus enunciados las cosas se transparentan y revela venas y capilaridades, movimientos y andamiaje. Lea el lector con atención y lentamente el poema "Un ladrillo" y note cómo se rebela y cobra vida. Me refiero al poema, al ladrillo y a usted.

Ese poema comienza de manera contundente: "Si quiere ser arte, sea un ladrillo./ Permita usted ser llevado por inciertas manos:/ Abrace al de abajo y sostenga al de arriba,/ deje ocultar sus imperfecciones/ con pasta blanca perlada,/ permita pintarse de cualquier color:/ lo que sea, será mejor que usted ahora." Y luego, ya después de la insólita transformación, hecha con toda la lógica del realismo, el poema deriva hacia un final igualmente contundente: "No sea un vegetal sino un ladrillo./ No sea una piedra sino un ladrillo./ No sea un ser vivo sino un ladrillo/ porque el verdadero arte es la permanencia."

Los poemas de este libro tienen un hilo narrativo, lo que los hace memorables: el del reflejo, el de los gorriones enterrados, el del duelo y la tristeza, que se llama "Duelo en 160 palabras". Eso a mí me parece muy importante. No me gustan los poemas que se desvanecen sino los que se quedan, los que podrían ser pequeños cuentos, los que tienen un final y, con ello, una unidad de sentido.

Curiosamente en la parte final Jassín decide meterse al formato fijo del soneto, y eso es un arma de dos filos, difícil de controlar, sobre todo porque apuesta por la rima, y la rima a veces nos hace desembocar en cosas que no queríamos decir, como lo ilustra muy bien Quevedo cuando dice: "Dije que una señora era absoluta/ y siendo más honesta que Lucrecia/ por dar fin el cuarteto/ la hice puta". Sale bien librado el poeta Antuna y diseña unos sonetos muy personales. Neruda, que también ensayó los suyos, los calificaba como "sonetos de madera" por sus irregularidades métricas. Jassín Antuna se arriesga y ofrece sonetos con el sello personal de la casa que ha ido construyendo y que ahora, afortunadamente, nos invita a habitar.

Especie de antropología perpleja, este libro expresa una interioridad que no saldría a flote sin nuestra lectura. Lea los poemas despacio, déjeles que su espacio le construya adentro algo nuevo. Hay que aventurarse, viajar con él, enriquecerse sin pena.

Bienvenidos a estos poemas *De cielos raros*.

EDUARDO CASAR

Sobre el vacío

En el parque

Vine al parque el día de mi cumple
para tomar algo de sombra en una banca verde.
(Mis amigos de la infancia venden armas y perico
y fuman piedra y roban quemacocos),
mientras las palomas mueven el cuello.

Yo los vi comulgar en la parroquia
con sus trajes garzas en el estanque azul.
Como pisadas (como manchas) estaban parados
en el presbiterio frente a la
crueldad de la sordera.

Hoy junto a esos perros
en la sombra de la banca verde
me burbujea el vacío
desde lo más adentro de mis órganos
justo delante de los niños que bajan por los
        toboganes.

RENZO

Soñé con una terma volcánica
de hirviente linfa,
despierto en la espuma amarga,
perdido como hormiga circundando nervaduras
de adoquines blancos.

Al santero, santero malvado, le digo:
"¿Qué miras
desde tu choza, Renzo?"

Yo sigo tendido en la arena
mientras el mortal bejuco
como escalera
                arranca
para encallar en la madeja.

Pa' escapar tengo
un palo y dos cristales.

Nunca rezo pero siempre exijo;
así, la coyuntura del hombre.

Parece una mosca ahogada
en el tazón de agua protista del perro.

Entonces, ¿cómo puede ser un ángel?

De la puna

Cuando mataste a los gorriones,
tuve que enterrarlos.

Los llevé a la tierra yerma de la puna
donde el monzón nunca amaina.

Nación del amarillo escueto y jadeante
donde no hay azul con que batirlo.

Era un arenal de abundante nostalgia;
      en la noche no
              titilaban los astros

y una comunidad de pavorreales quietos,
que por plumas llevaban hojas como espadas.

Tuve que enterrar a los gorriones,
a los que eran nuestros.
En las tumbas se postró la palabra silencio,
y me alejé para siempre del sur.

SAL

Estuve algunos días un poco despistado
buscando sal gloriosa, corriendo al sol del este.

Estuve algunos días mirando animalejos,
comiendo un pan, puntos de sal gloriosa.

Cayeron de mi plato como estalactitas
migas desperdicio, cayeron antipáticas.

Debí correr antes de tu mísero saludo.
Debí esconderme antes del poniente.

SOMBRA

Me hinqué en la tarde y chiflé a mi esencia.
Vino el galgo trompetando sobre el viento.
Tomé, de nuevo, plumas y ramajes
para atrapar al éter visible sólo por el ojo fuera del
        bardo.

Espectro: vienes al tiempo de la luz,
te extiendes en un yunque,
en la fragua de unidades silvestres.

Celebro la llegada de mi alma al cuerpo,
llevo pasto al cordero de agua,
cera apuntalada con astillas a las cestas,
eslabón que esquiva el frío
de un calor.

Ahora podemos masticar amargos dátiles
que llegan del centro de las dunas.

Exclamo:
¡Fin al fideo no-humano reptante!
Reverencia a quienes se yergan.
Soy bípedo, puedo usar una tráquea,
una laringe para mezclar colores,
un cerebro que suspira por azúcar de granadas
        tiernas.

Y entiendo por qué se anclan los árboles
y por qué están invadidos de bocas.

Veo folículos que son el potaje
en una bandeja fina terraplena.

Veo rampantes ocas que devoran
los restos, de los restos índigos
del sol, de aquella luz que da y que nos mira
ardiendo en lo peligrosamente cerca.

A LA ENTRADA

Arrópame como los rasguños de la madera que
 contienen polvo,
arrópame con viento en el campo,
con soles de inviernos, con brisa de mar.

Arrópame como el pórtico a la persona,
como el pretil a la azotea, como la barda al
 cementerio.

Arrópame con la sepia de cualquier momento
cuando se consuma a sí mismo.

Arrópame como las montañas al valle
o con la cáscara de un pistacho.

Arrópame porque hace frío
a la entrada de lo diferente.

DUELO EN 160 PALABRAS

Tenías 36 en el 2000.

La transición fue brusca
y Dios, de mármol.

Cerca estaba la tarde marchita.
Pronto caería la noche huérfana.

Yacen por "ai" en Chalma
en la comisura silvestre
    en la hoja ahogada
        en la raíz mohosa
    en la piedra grande
en la roca chica
    en el fondo visible
        en el agua helada
    en el caudal eterno
en el sepulcro húmedo
    en el hondo silencio

las cenizas de mi padre,
las cenizas de tu amor.
Quién sabe si a él le guste el frío.
Como sea,
    no pude decidir...

Tenías 36 en el 2000
y la antorcha de la crónica.

Mi hermano era
un cachorro de lobo
              que no abría los ojos aún.

¿Y yo?
Me sabía casi
              ningún color del cielo.

¿Y qué puedo decirte ahora, má?

En el veinte veinte
tienes poco más de medio siglo
y yo tengo la antorcha de la crónica.

LODO Y MONEDAS

Madrecita… jefita… ¿un cafecito? un café, madre.

De la nada, el rostro le empezó a burbujear. Se me hizo que la invadió una sensación distante, antigua, proveniente de alguna caverna o de alguna estrella. La sonrisa como que luchaba por aguantar. Como si sombras hijasdeperra la estuvieran jalando por detrás de la mandíbula, y entre que sí y que no, entre los garabatos que pronunciaba, la sonrisa se abrió con los brazos abiertos, y le serpenteó el cuello, y la cabeza se retorcía, y sus ojos que no querían queriendo mirarme:

Ze... ze... ze... thank you very much.

Aquella meditación que la cubría era una nebulosa sin palabras. Entré en aquella ensoñación con las yemas de mi mano derecha en posición de pizca para darle monedas, las que me quedaban, y su mano traspasaba la espesura en posición de canasto, pero terminó en posición de mano. Expulsé las monedas, y mi palma imitó la suya como una intuición tallada en el centro del ADN, y por segundos, tuve contacto humano, y por segundos, la ciudad fue un altiplano silvestre, y por segundos, sus ojos que giraban como trompos se amalgamaron con los míos, y los míos, que aún no saben ninguna gracia, se congelaron al igual que mis dedos que estaban trenzados en aquella mano ensuciada de lodo, y la mía ensuciada de monedas.

Espejo de agua

Por traer a este plano al eficiente pedrero
que con sus manos de cobre
le dio forma a las semillas prehispánicas del
        Xitle:
gracias, Señor.

Desde la hierba se levanta
el mamposteo que contiene una charca espiritual.

Un rebozo casi río, casi llanto
que en su moisés de piedra braza
refleja a las humanidades.

¿Cuántos perros y aves bebieron del espejo?
¿Cuántos sueños a la sombra siempre sabia
del robusto árbol que custodia el reflejo?

Y delfines de esas aguas
surgen para hablar de la memoria
poque en ese mar de pensamientos
flota luz.

Y de la banca armada de acero y mezcla
surgen varias soluciones.

Por el techo
de los naranjas de levante
y el púrpura magenta del poniente:
gracias, Señor.

Un ladrillo

Si quiere ser arte, sea un ladrillo.
Permita usted ser llevado por inciertas manos:
Abrace al de abajo y sostenga al de arriba,
deje ocultar sus imperfecciones
con pasta blanca perlada,
permita pintarse de cualquier color:
lo que sea, será mejor que usted ahora.

Haga el favor de ser un ladrillo,
del gris y no del rojo.
Deje que pase el tiempo,
no haga ruido ni mueva las extremidades.

No sea un vegetal sino un ladrillo.
No sea una piedra sino un ladrillo.
No sea un ser vivo sino un ladrillo
porque el verdadero arte es la permanencia.

Laberinto

El ser es un laberinto,
el laberinto es la pregunta,
la pregunta es un motor
de únicamente una rueda,
el laberinto contiene, aunque dispersa
y la rueda no cabe por la puerta
por su diseño a una pregunta.

La pregunta es una curva,
no es cóncava sino convexa;
va desde el lecho bajo de una trabe
hasta al fondo de un vaso.

El motor tiene remaches francos
que en su firmeza la rueda confía;
se conduce con esfuerzo
hasta el fin de la pregunta.

El ser indiferente a la respuesta resulta
y el motor gira mientras haya laberinto
porque el ser es laberinto
y el laberinto, la pregunta.

Sobre la contemplación

CRÓNICA

...Henos aquí...
Todos viendo el revoleo de la mosca en el salón.

Estamos en silencio,
gritándole a la fosa negra.

Menos los zaguanes
y las cubiertas de metal helado
en donde azota el hambre
                             y el granizo.

Todos callados, agradeciendo...
                    ...o en la más perversa angustia.

Sucede que hasta la emoción humana
                      es un asunto de clase.

Sucede, también,
que la luz solar es compasiva.

Pero el concreto
        del cuarto
                de un quinto piso

                              en un pobre barrio
                                                  no.
Estamos en silencio
atentos a la sagrada palabra
                              de CNN.

Mi abuelo sembraba un naranjo
para alimentarnos a todos
pero creció un eucalipto.

Ahora, pasmado, pisa un mundo
incomprensible.

El hombre, por segunda vez,
envidia la manera
del cerezo que vuelve
                              en abril.

Y yo pienso...
              ... en el "tejido social".
Pienso que la seda blanca
resultó acetato de segunda.

Y yo pienso...
              ... en el "tejido social".
Pienso que la manta de maíz azul
sigue en manos de otras telas.

PERTENENCIA

Cada acicalada pieza es Tuya;
cada pistilo, cada dedo, cada hoja
en la superficie es Tuya.

Cardumen de pensamientos, luz flotante.

Por mi techo
se quiebran los amaneceres.

El cielo está.
cavado por Tus ojos.

EL OJO

Regresaron del éxodo.
como regresan de una siesta recién nacida.
Derrumben los tapiales, pues han avanzado.

Mi cuerpo es la cárcel, el orfanato.
¿Cuánto mide la membrana
que mantiene atado al acorde?

(Sin duda, el ojo es un hongo que viene de
edades antiguas,
porque sus filamentos parecen cantos de piedra,
                    pero se ven como un aplauso.)

VIERNES

Quiero morir mirando al cielo
(y que se vaya de aquí
                            la resta de mi alma.

Subirá por una cuerda
hecha con amor
                    por la suma de mis ojos)
un viernes como hoy.

REFLEJO

Imagínate si al marco le ofendiese el cristal
y peleasen a voz altísima
diciendo tu nombre.

Que el reflejo guardase prudencia,
(porque a veces los reflejos gritan).

Y porque a veces los reflejos gritan,
alguien debe tomar registro.

¿Será el marco, la foto, el cristal?

¿O cuál de esas cosas
que no son cosas
porque guardan ojos?

Mi opción es omitirte.

AGUA

Agua de cielo, agua del árbol
que sobreviene del monte.

Agua de la falla que violenta:
sumerge las brasas, apaga la cal.

Agua de estanque, cárcel del río.
Agua de nube, tierra enrocada.
Agua del fondo silenciosa,
esperando, esperando.

DIECIOCHO HORAS

En Iztacalco los peces son gravilla,
los garabatos gruñen en la boca,
cuando el sol de un color cenital
excava en las cubiertas metálicas
de las estaciones del año.

Al vapor está matándole una sed azul
que se despierta a las seis de la mañana con el
rostro abierto...

En los vagones del año estrechamos la sed azul
si fue imposible abrazar a nuestros padres con el
rostro abierto...

Torre Latino

¡Qué firme quedó la arena!

¿Qué ruido hacen los párpados de los canceles
en esta llanura seca, ya sin maíz, ya sin piernas?

¿Qué ojos pueden ver los aceros
unidos en la fosa?

¿Qué deshielos silenciosos en las comarcas
ocurrieron?

¿Qué preguntas con sed de plata y estaño
cosecharon?

¿Qué solsticios bañan los perfiles de esta forma,
qué ojos nos miran desde lo alto?

Un obelisco como una estocada.

MADRE

Miro mi sangre:
sencilla, pura.
Roja como una teja,
lenta como el olvido.

Mi madre mira sus canas
y yo recuerdo.

Entonces, abro
las piedras y los secretos.

PIEDRAS

Caminé con dirección al agobio.
Buscando qué lanzarte,
               atravesé el perfil
                      de una montaña.

Y quedé sediento, lejano, indefinido
en este desfiladero marítimo
llamado familia.

Camino

Voy de izquierda a derecha,
veo lo que pasa:
personas, árboles, cables
el vapor con su sed azul.

En todo,
veo una piedra negra
inmensa en su luz negra,
una piedra pulida y sin peso
veo.

VISIÓN

Y a punto de despertar
el frío
sueña que abraza un desierto.

En la cárcel
había flores
y vacas
y un sol azul sobre el cielo blanco.

FRÍO

¿Qué cosa gruñe en el umbral del arroyo?
Cuando su hocico desenvaina las ramas perdidas,
el frío es un bosque que tiembla.

Su mamila estuvo llena de rencor,
el invierno, de escombros.
La luz violó el espacio de las sombras
y quedó reducido a colores.

A CIELO ABIERTO

I

La caravana pasó a mi izquierda
y no pude ser su copiloto.
El asiento iba ocupado por hijos únicos;
llevaban apretado el cinturón,
cerrada la ventana.

II

La soledad abre sus fauces
para comer huérfanos el domingo:
su plato fuerte, su platillo predilecto.

III

La soledad del huérfano es un fulgor:
cruza el semáforo en violeta oscuro,
luz de lámpara en medio de la selva,
abriéndose camino por el pecho
astillado. Con dedos robustos
moldea el rostro inmóvil del huérfano.

IV

La soledad del huérfano revela
un fiordo que divide a las acacias
desconocidas del nacimiento y la muerte.

La soledad del huérfano acelera
la infancia, a veces, cuero y alquitrán.

La adolescencia mula se comprime
y una vez llegada la adultez, pulsa
la tecla exacta del órgano mudo.

V

El silencio se hizo: fuma, pues,
su música; toma el vaho de su taza;
asómate por su lumbrera y mira
la inmensidad de su lóbrego alfeizar.
Su cortejo se advierte hombro arriba
todo recto por la infancia.

VI

En la orilla opuesta al carmín del rosal
hay una nopalera.
Su sombra agrupa las oraciones que no se
                pronunciaron a tiempo,
que no se lanzaron a la carga,
que perdieron el combate,
que vagabundean por el túnel,
que rancian en la gaveta,
que no pertenecen a ningún templo.

VII

En la cúspide del carmín del rosal
no hay distrito para esta piel de sapo.
Su inclemencia es con los rengos paternos.
Su filo se descalza en señal de auxilio.

"Quítenme de mí mismo" aúlla como cavernícola
       a cielo abierto.

Llora como gaviota hambrienta.
Nada se escucha a las faldas del domingo.
Nadie atiende su llamado.
El frente enmohecido de su iglesia no recibe
       mensaje.

VIII

Hay silencio, cuánta espina en el nopal,
no hay manta para la flor desnuda,
no hay caverna para su murciélago,
no hay arrozal para su municipio.

DE CIELOS RAROS

De cielos raros,
cielos incompletos,
bajan abanderados amarillos.

Están débiles;
mas de puntualidad admirable
regarán calor en las bancas de fierro
mientras que, a un extremo del camellón, se
    comercia con flores.

Mientras

Ser sin escénica,
plano como la hoja de papel,
sémola que alguna vez fue vida.

Estás lleno como el basurero,
rebalsado.

Hay una falla en tu vivir,
en tu voz sin sonido,
en tu tacto distante del mundo,
en tu simpleza.

Intentas escapar de tu mente
              como un reo de la charca
                          saltando entre nenúfares.

Si algo emergiese
notado inmediatamente es.

En tu hamaca de apatía
respira el aire siempre arenoso de la
nosedumbre,

mientras la yesca, mientras el canto,
mientras la cal,
mientras que la cantera exista.

VERANO

Ahí,
en el último canto
se refugia la mente incesante
de un muchacho
sin lugar.

Sale a buscar peces,
vuelve con gravilla.

Ímpetu salvaje al alba.

Su referente, el entorno;
su maestra,
la arena.

Camina,

viéndose el rostro en los charcos
pero la lluvia todavía no cesa.

PALABRA

La libertad
es una palabra
temida por mi familia.

MINDFULNESS

Y las ideas echaron raíces sobre la tierra
y los sueños se hicieron realidad
y el tiempo tomaba el sol como toma mis
    recuerdos.

Que ya no me toquen con su áspera punta.

Mi atención está en mis manos
haciendo de este momento
una barra de pan.

FORMA

Palabra constructora de ideas
formada en el ático histórico de la belleza.
Formidables oraciones te acogen para que las
        guíes
a la única forma de decir las oraciones.

Eres una hoja cuneiforme de pétrea estirpe,
un ente polimorfo que apunta luz.

No hay manera de que te formes más, de que te
        formes alta de
                formarte verde.

Infórmame sobre las ancestrales formas.
Pa que las practique en cualquier formación
        terraplenaria.

Hito tremendo fue descubrirte,
uniforme pero multiplicada esencia de las mil
        quinientas formas.

Parece que en sí ya eras una forma,
una pregunta, una fórmula.
Parece que en sí ya eras una forma,
estás en todas las formas.

Nos formamos para usarte,
nos inspira tu firme fonema.
Te malformas, te transformas.

Te pareces a Dios.

SEGURAMENTE

La libertad
es
una tierra verde
donde puedo sembrar
una flor o una piedra.

ROSTRO

Con el rostro oculto en el barro,
la luz me cegó.

Del edén al vacío
fui repatriado.

Morí.
Reencarnaré:

mota de polvo, encadenada al viento.

La ironía

La ironía es una hoz que no corta:
afila al cardo.

Sutil como la gripe:
emite sonidos metálicos
que infectan la voz del alma.

A Meztli

Y un día estalló la guerra:
veinte años sobre tumbas sin nombres.

Se eclipsó el pueblo de Aculco,
en filas de mozas y rapaces
con rostros inciertos increpando hastío.

¿Qué jóvenes trenzas de nombres gloriosos
proclamaron el futuro a bayonetas?

¿Qué puntos cardinales rozaron las plantas
de tus pies descalzos?

¿Qué dinteles, telares agrios, cubren el rostro
de las que nunca se habló?

¿Qué atardeceres fueron con ellas
Sobrevolando la muerte
cuando tocaron la raíz de una nación
estallada en auroras?

Todo yo te recuerda, Meztli
porque dejaste frío al poblado cuando te fuiste a
        luchar.

JUANA Y MARÍA

Una tarde Juana y María se treparon al tren.

La tarde se caía por los agujeros del costal de
 arroz,
las cazuelas de barro enmudecieron en los
 rincones,
los comales se enfriaron
y las jícaras se ahogaron en el pozo.

Juana:
¿Y si los trenes fueran al mar en vez de a la
 guerra?

¿Y si en vez de enviar balas al Bajío,
subiéramos tunas al monte?

¿Por qué nos levan, comadrita, de nuestra
 alameda azul?

María:
No importa a dónde nos lleven los trenes,
no importa qué traigan los costales,
tampoco las gardenias a los pies de la parroquia...

Los hombres saben matarse,
no saben hacer frijoles.
Juana:
Oiga, comadrita,
¿y por qué obligan a nuestros huaraches
a correr por otros tepetates?

ya no con canastas, sino con *winchesters*.
ya no con cántaros, sino con *colts*.

María:
Los hombres dicen que es por patria.
Codician patria. Jadean y arañan por patria.
Hincan los muñones en el barro de la ciénaga
por patria.

Juana:
Y cuando el sol se escape por nuestra garganta
y la vida se escurra por nuestros vestidos,
cuando las moscas habiten las cazuelas que dejamos
y se marchiten las gardenias a los pies de la parroquia
¿sabremos lo que significa patria?,

le dijo Juana a María antes de treparse al tren.

La maleta

Una maleta de tres ruedas,
renga de tanto arrastrarse.
La maleta es una
                anciana que desconoce su edad,
                 herencia de mis errores.

Una maleta llena de abrigos, de pantalones
        vaqueros,
abrochada con la mueca del futuro.
Cargada de horas, vacía de amor,
cojea hasta llegar a ninguna parte.

Volverá a casa, así le mentí a mi güerita,
volverá en dos semanas con regalos dentro.

No sé qué hice al final, si desenchufé la nevera
o me despedí de mi hermano.

La casa se quedó sin inquilino,
la güerita se quedó en la Tierra, mentida,
mi hermano se fue a beber su pena
mientras la maleta se cerraba.

Sobre lo que se calla

PALOMAS

Acechan en la plaza siempre bellas,
nunca apenadas, nunca cabizbajas.
Pájara tuerta, ágil te aventajas
por la miga que rápido adentellas.

Las palomas, elegantes doncellas,
intercambian cortejos por migajas,
sus riñas no necesitan navajas
porque se pican los ojos entre ellas.

Si mi pan se regara por el suelo,
vendrías sin reparo a visitarme
con Tu presencia que es como ninguna.

Por plumajes sueño con alto vuelo
y un día de paloma disfrazarme
aunque perdiera el ojo por la hambruna.

Zopilotes que habitan la moheda

Tanto esfuerzo disipa la humareda,
tanto rigor en zanjar el arado,
profundidad en mi río llorado
y sigue esta aflicción que se aboveda.

Zopilotes que habitan la moheda,
lamen la médula del pan crispado.
Si lo vivido estuviera mandado
para qué echar en la fuente moneda.

Esa lamentación hizo una madre
al enviudar temprano y prematura
y el hijo que acomete ni la alegra,

lleva arrastrando el luto de su padre
y el vicio lo tiró de la cintura:
un mausoleo su escafandra negra.

Investigando el nuevo abracadabra

Tengo trabajo: cuento la palabra,
el acento y la sílaba de un verso,
buscando en el papel el universo,
investigando el nuevo abracadabra.

Tengo trabajo: piedra que se labra
con la fe del poeta, o canto inmerso
en la lengua, exploro lo adverso
del poema hasta que la puerta abra.

Mi trabajo no deja baúl de oro
No produce bonanza o beneficio,
no edifica mansión ni bienestares.

Pero todo esto por lo que laboro
no es en vano, patronos, es mi oficio
traspasar con la voz cielos y mares.

PARA LOS CIELOS, LA TIERRA Y LOS AVERNOS

Queda alguna carilla en los cuadernos,
queda un poco de tinta en la garganta,
queda ceniza cósmica -hoja santa-,
para los cielos, la tierra y los avernos.

Queda la punta aguda de los cuernos,
queda la sed de náufrago que espanta,
queda un no sé de piedra que adiamanta
la ilusión de que acabe ya este invierno.

Lo que queda es una fina costura
Uniendo los adornos al soporte
Lo que hace la magia de hilandera.

Lo que queda es la brecha, la ruptura
de un devoto que pica el picaporte
cuando del mundo entero se libera.

AÑORANZA

La tristeza brotando de tus ojos
como serpiente cayendo del nido.
Leyendo la inscripción quedé advertido:
no habrá huracán que parta tus cerrojos.

Si nuestro azur se hundía en mares rojos,
la ruina era un adorno descosido;
embarqué en un octubre, inadvertido:
cruel desenlace que no cumplió antojos.

Extraño Tu figura, ninguna otra.
Sólo el ruido nocturno me rodea,
gladiolo bajo negros nubarrones.

Una astilla en el pecho se me empotra
voy como fantasma que merodea
los trozos de desierto que compones.

HARAM

En un desguace la sustancia azoga:
un curandero de túnica hambrienta,
sanaba en la avenida un alma en renta,
moribunda de angustia por la droga.

Es el que cría, el que estudia, el que aboga
de algún castillo o de choza piojenta.
El diablo entra a portazos y nos tienta:
sin lástima, nos mete entre la soga.

Hasta que no encuentres mejor oficio
que acercar a los vivos a su muerte,
ve y prosigue, curandero, tu ruta.

Sin embargo, no habrá mayor desquicio
que esperar la condena a hierro fuerte
por lucrar, curandero, con cicuta.

DIVINIDAD

Te llevo, Amor mío, esta flor inerte,
la más fragante de entre todas ellas.
Guárdala en tu alijo con tus estrellas
y escóndela en la bruma de la muerte.

Con regocijo estival vine a verte
al campo donde dejaste tus huellas
danzando en otoños, tu luz destellas
sobre la flor que vine a recogerte.

Narcisos, amapolas, alcatraces,
que en mis sienes y en mi corazón seas
una lis dulce que nunca distancio.

Aunque, Amor mío, estas flores rechaces
y en la orilla opuesta tú no me veas
¡cuánta dulzura llevo en mi cansancio!

Padre

Como párpado levanto el pasado,
lo protejo dentro de una colmena.
Sólo las nubes entienden mi pena
porque de frío se han congelado.

El luto no lo doy por terminado:
llevo inyectado su nombre en mi vena
mientras se extiende la oscuridad plena
riego el arrozal, el trigo ha secado.

Padre: la palabra es impronunciable.
Padre: yaces en roca arrollo adentro.
Padre ahuehuete sin un ataúd.

Padre, cuando al volverte indibujable
las luciérnagas fueron a tu encuentro
pulsando el suave acorde del laúd.

Clemencia

I

Caí en una jaula muy profunda,
ya la cárcel secreta se levanta,
no hay canción que pase por mi garganta
ni desmayo como hoja moribunda.

Por tu rabia, un aguacero me inunda,
castigo cósmico en mi voz se implanta,
marabunta que el desquicio abrillanta
cuanta gema falsa en el rastro abunda.

Cómo hacer frenar tu furia corriente
que desala mi mar, mis arrecifes,
 y deja mi litoral hecho añicos

acabado el oasis, cruzo hirviente
cordillera, tormento sin esquifes,
todos los cerros, con todos sus picos.

II

Separa la tristeza de tu gozo,
Trépate al carrusel, derrumba el muro,
arácnido que teje su futuro.
grillo que busca estrellas en un pozo

Contacta con la risa de tu mozo
Separa la blancura del conjuro
Porque fuera no existe claroscuro
Que cubra nuestra cara con su embozo

Recreo de alabanzas sin oídos
que rompen en la costa del asombro
y caen desconsoladas sin aliento.

En el compás del pájaro, reunidos
los nombres infinitos del escombro,
hierve la juventud en movimiento.

III

El Clemente, sólo Él da la llamada,
que alerta como un rayo, como un sismo
y Sus ángeles en compañerismo,
fragmentan la miseria con su espada.

Mi llanto se libera, la cascada
Rompe con fuerza al fondo del abismo.
Se precipita al cabo de mí mismo
la lágrima en mis ojos congelada.

He llegado al perdón; así he llorado
un charco de recuerdos, de metralla
encasquetada y sueños embestidos.

Perdonada mi vida, perdonado
En la debilidad de la muralla
erguida sobre otoños escondidos.

PROFETA

En medio del desierto y de la puna
El Profeta batallas ha librado,
y logró restaurar lo derrumbado
Atravesando cumbres de una en una.

Dulce como cereza, como tuna,
Con toda su amistad ha demostrado
Que entre nosotros es el Rey amado
radiante con su luz de plena luna.

Porque no morirá el jardín de vida
que con su mano siembra en nuestros rostros,
cordero que corrió contra los potros,

nos ha mostrado que hay una salida.
¡Qué privilegio ser —y con razón—
su discípulo con el corazón!

Palabra

Tengo trabajo: cuento la palabra,
el acento y la sílaba de un verso,
buscando en el papel el universo,
investigando el nuevo abracadabra.

Tengo trabajo: piedra que se labra
con la fe del poeta, o canto inmerso
en la lengua, exploro lo adverso
del poema hasta que la puerta abra.

Mi trabajo no deja baúl de oro
No produce bonanza o beneficio,
no edifica mansión ni bienestares.

Pero todo esto por lo que laboro
no es en vano, señores, es mi oficio
traspasar con la voz cielos y mares.

Acerca del autor

Jassín Antuna, Ciudad de México, 1998. Ha realizado estudios de la Licenciatura de Arquitectura en la UNAM y del Diplomado en Escritura Creativa en la Escuela de Escritores de la SOGEM. Ha publicado poesía y ensayo en *Cardenal Revista Literaria, Letralia, Taller Ígitur, El Golem, Periódico de Poesía, Nueva York Poetry Review, Crear en Salamanca y La Jornada*. Poemas suyos han sido traducidos al catalán, inglés y bengalí. Está incluido en las antologías de poesía *Pandemia 2020*, y *Evocaciones de la Torre Latinoamericana 2021*, así como en la antología de relato *Orquesta de memorias*. En 2021 participó en el programa "Al compás de la letra" que dirige la dra. Mariángeles Comesaña en Radio UNAM. En ese año publicó *Crónica*, libro de artista que recoge diversas traducciones sobre este poema, en Espolones Editores. Ha participado en diversos festivales internacionales de poesía. Es director general de la Casa del Poeta Carmen Nozal (España).

ÍNDICE

De cielos raros

Prólogo de Eduardo Casar . 15

Sobre el vacío

En el parque . 21
Renzo . 22
De la puna . 23
Sal . 24
Sombra . 25
A la entrada . 27
Duelo en 160 palabras . 28
Lodo y monedas . 30
Espejo de agua . 32
Un ladrillo . 34
Laberinto . 35

Sobre la contemplación

Crónica . 39
Pertenencia . 41
El ojo . 42
Viernes . 43
Reflejo . 44

Agua . 45
Dieciocho horas . 46
Torre Latino . 47
Madre . 48
Piedras . 49
Camino . 50
Visión . 51
Frío . 52
A cielo abierto . 53
De cielos raros . 61
Mientras . 62
Verano . 63
Palabra . 64
Mindfulness . 65
Forma . 66
Seguramente . 68
Rostro . 69
La ironía . 70
A Meztli . 71
Juana y María . 72
La maleta . 74

Sobre lo que se calla

Palomas . 77
Zopilotes que habitan la moheda . 78
Investigando el nuevo abracadabra . 79
Para los cielos, la tierra y los avernos . 80
Añoranza . 81

Haram . 82
Divinidad . 83
Padre . 84
Clemencia . 85
Profeta . 88
Palabra . 89

Acerca del autor . 93

FIRE'S JOURNEY
TRÁNSITO DE FUEGO
Central American and Mexican Poetry Collection
Homage to Eunice Odio (Costa Rica)

1
41 meses en pausa
Rebeca Bolaños Cubillo (Costa Rica)

2
La infancia es una película de culto
Dennis Ávila (Honduras)

3
Luces
Marianela Tortós Albán (Costa Rica)

4
La voz que duerme entre las piedras
Luis Esteban Rodríguez Romero (Costa Rica)

5
Solo
César Angulo Navarro (Costa Rica)

6
Échele miel
Cristopher Montero Corrales (Costa Rica)

7
La quinta esquina del cuadrilátero*
Paola Valverde (Costa Rica)

8
Profecía de los trenes y los almendros muertos
Marco Aguilar (Costa Rica)

9
El diablo vuelve a casa
Randall Roque (Costa Rica)

10
Intimidades / Intimacies
Odeth Osorio Orduña (México)

11
Sinfonía del ayer
Carlos Enrique Rivera Chacón (Costa Rica)

12
Tiro de gracia / Coup de Grace
Ulises Córdova (Mxico)

13
Al olvido llama el puerto
Arnoldo Quirós Salazar (Costa Rica)

14
Vuelo unitario
Carlos Vázquez Segura (México)

15
Helechos en los poros
Carolina Campos (Costa Rica)

16
Cuando llueve sobre el hormiguero
Alelí Prada (Costa Rica)

17
Regresan los pájaros
Carlos Enrique Rivera Chacón (Costa Rica)

18
Oscura sal
Ulber Sánchez Ascencio (México)

19
Temporada de malas lenguas
Manuel Campos Umaña (Costa Rica)

20
Los trazos del viento
Clarita Solano (Costa Rica)

21
Peatón de tempestad
Carlos Gustavo Vargas (Costa Rica)

22
De cielos raros
Jassín Antuna (México)

POETRY
COLLECTIONS

ADJOINING WALL
PARED CONTIGUA
Spaniard Poetry
Homage to María Victoria Atencia (Spain)

BARRACKS
CUARTEL
Poetry Awards
Homage to Clemencia Tariffa (Colombia)

CROSSING WATERS
CRUZANDO EL AGUA
Poetry in Translation (English to Spanish)
Homage to Sylvia Plath (United States)

DREAM EVE
VÍSPERA DEL SUEÑO
Hispanic American Poetry in USA
Homage to Aida Cartagena Portalatín (Dominican Republic)

FIRE'S JOURNEY
TRÁNSITO DE FUEGO
Central American and Mexican Poetry
Homage to Eunice Odio (Costa Rica)

INTO MY GARDEN
English Poetry
Homage to Emily Dickinson (United States)

I SURVIVE
SOBREVIVO
Social Poetry
Homage to Claribel Alegría (Nicaragua)

LIPS ON FIRE
LABIOS EN LLAMAS
Opera Prima
Homage to Lydia Dávila (Ecuador)

LIVE FIRE
VIVO FUEGO
Essential Ibero American Poetry
Homage to Concha Urquiza (Mexico)

FEVERISH MEMORY
MEMORIA DE LA FIEBRE
Feminist Poetry
Homage to Carilda Oliver Labra (Cuba)

REVERSE KINGDOM
REINO DEL REVÉS
Children's Poetry
Homage to María Elena Walsh (Argentina)

STONE OF MADNESS
PIEDRA DE LA LOCURA
Personal Anthologies
Homage to Julia de Burgos (Argentina)

TWENTY FURROWS
VEINTE SURCOS
Collective Works
Homage to Julia de Burgos (Puerto Rico)

VOICES PROJECT
PROYECTO VOCES
María Farazdel (Palitachi) (Dominican Republic)

WILD MUSEUM
MUSEO SALVAJE
Latino American Poetry
Homage to Olga Orozco (Argentina)

OTHER
COLLECTIONS

Fiction
INCENDIARY
INCENDIARIO
Homage to Beatriz Guido (Argentina)

Children's Fiction
KNITTING THE ROUND
TEJER LA RONDA
Homage to Gabriela Mistral (Chile)

Drama
MOVING
MUDANZA
Homage to Elena Garro (Mexico)

Essay
SOUTH
SUR
Homage to Victoria Ocampo (Argentina)

Non-Fiction/Other Discourses
BREAK-UP
DESARTICULACIONES
Homage to Sylvia Molloy (Argentina)

For those, like Eunice Odio, who believe *there will not be, in these lines the length of a single pupil...* this book was published, March 2024, in New York City, U.S.A.

www.ingramcontent.com/pod-product-compliance
Lightning Source LLC
Chambersburg PA
CBHW030120170426
43198CB00009B/683